Elfi Höfmann

Spaß haben

Aktivierung der Bewohner durch Gedächtnistraining

VINCENTZ NETWORK

Die Deutsche Bibliothek - CIP-Einheitsaufnahme

Höfmann, Elfi:
Spaß haben: Aktivierung der Bewohner durch Gedächtnistraining / Elfi Höfmann. -
Hannover: Vincentz, 1999
(Die Buchreihe Altenpflege)
ISBN 3-87870-606-5

Grundlage ist eine Serie aus der Zeitschrift „Altenpflege"

Titelfoto: Werner Krüper
Druck: BWH GmbH, Hannover
ISBN 3-87870-606-5

Inhaltsverzeichnis

Vorwort

Nach 20-jähriger Kliniktätigkeit leite ich nun die Abteilung für physikalische Therapie im „Haus Isabel", einem privaten Alten- und Pflegeheim in Oberhausen.

Um die Besucher und Tagesgäste dort nicht nur körperlich zu mobilisieren, absolvierte ich beim Bundesverband Gedächtnistraining eine Ausbildung zur Seminarleiterin und merkte schnell, wieviel Spaß und Freude diese kombinierte Arbeit den BewohnerInnen und mir macht.

Für besonders wichtig beim Abhalten von Gedächtnistraining halte ich,

- ➔ Diskussionen zu zulassen und zu fördern
- ➔ Übungen variabel zu gestalten (z.B. auf die Tagesform einzelner BewohnerInnen eingehen)
- ➔ Anregungen aus der Gruppe aufzunehmen („Erzählen Sie doch einmal, das wußte ich noch nicht")
- ➔ Fragen, die Trauer bei den älteren Menschen aufkommen lassen zu vermeiden
- ➔ Selbst flexibel zu sein (wenn das geplante Thema nicht auf Gegenliebe stößt, sollte man es nicht durchnehmen, sondern in der Lage sein, auf ein anderes Thema umzuschwenken)
- ➔ Interesse an den Antworten zu zeigen und dies auch zu demonstrieren
- ➔ Wiederholungsfragen aus vorangegangenen Stunden einzubauen (durch mehrmaliges Wiederholen prägt sich Erlerntes besser ein)
- ➔ Hilfestellung bei der gesuchten Antwort zu geben (eventuell die Aufgabe leichter gestalten)

Somit möchte ich mich bei den BewohnerInnen und Tagesgästen bedanken, die mir durch ihre aktive Mitarbeit gezeigt haben, wieviel Spaß ihnen diese Arbeit für den Körper, Geist und Seele bereitet, und die sich sehr freuen, wenn ich Anregungen und Tips von ihnen aufnehme.

Mein besonderer Dank gilt Frau Anne Halbach, die mich während meiner Ausbildung beim Bundesverband Gedächtnistraining dahin geführt hat, in erster Linie ein heiteres sinnvolles Gedächtnistraining auszuführen.

Ihre Elfi Höfmann

Sollte Gedächtnistraining wirklich Spaß machen? Und trotzdem einen therapeutischen Nutzen haben? – Beim ganzheitlichen Gedächtnistraining wird diese Forderung immer wieder erfüllt. Mit diesem Buch ist dazu ein weiterer Beweis erbracht. Mit 12 Themen zeigt Elfi Höfmann, was sie unter Gedächtnistraining versteht: Aktivierung der Heimbewohner, Gesprächsangebot an Menschen, die hier wichtig genommen werden, kognitive Arbeit als Gemeinschaftserlebnis ...

Gedächtnistraining ist vielseitig einsetzbar. Dabei ist immer darauf zu achten, daß sich unterschiedliche Übungen abwechseln. Elfi Höfmann arbeitet nicht nur im Gruppenverband, sie nutzt die Übungen auch ganz spontan, wenn kleine Personengruppen im Heim zusammensitzen, wenn sie einen Krankenbesuch am Bett macht, wenn Traurigkeit aufgefangen werden muß. Ihre Themen interessieren die Menschen, sie kommen alle aus deren Erfahrungsbereich. Hier können sie mitreden, ihr Beitrag ist wichtig und interessant. Wenn die Übungen richtig miteinander verbunden werden, vergeht die Zeit im Fluge, man hat gelacht und nachgedacht, geredet und zugehört, jeder ist aktiviert.

In idealer Weise bindet Frau Höfmann Bewegungselemente in ihr Programm mit ein. Auch diese sind immer auf das Thema bezogen. So hat jede Übungsstunde ihren ganz eigenen Charakter, der durch mitgebrachte Gegenstände noch besonders unterstrichen wird.

Für die Prävention und Rehabilitation bietet der Bundesverband Gedächtnistraining seit 1985 Aus- und Weiterbildungskurse an, in denen Pflege- und Betreuungskräfte das ganzheitliche Gedächtnistraining kennenlernen können. In diesen Kursen kann man sich zur Gedächtnistrainerin / zum Gedächtnistrainer ausbilden lassen und anschließend das aktivierende Training gezielt einsetzen. Das ganzheitliche Gedächtnistraining wird auch dem veränderten Lernverhalten älterer und dementiell veränderter Personen gerecht. Das gesamte Potential des Gehirns wird genutzt und gestärkt, die Kompetenz der Älteren steigt. Wenn man dazu noch – wie Elfi Höfmann – die Harmonie in der Gruppe stärkt und den Humor nicht zu kurz kommen läßt, hat man den richtigen Weg gefunden, am Gedächtnistraining – Spaß zu haben!

Anne Halbach
Bundesverband Gedächtnistraining e.V.
Zum Appelhof 1, 51570 Windeck-Herchen

Thema: Flasche

Zum Thema:

Jeder Mensch ist in seinem Leben mit unterschiedlichen Flaschenbehältern umgegangen. Es sollen Erinnerungen und Erlebnisse geweckt werden. Die Frauen erzählten vom Herstellen der Obstsäfte, während die Männer dem Bügelverschluß an den alten Bierflaschen nachtrauerten.

1 Aus der Praxis

Biographisches Arbeiten

Mit Übungen, Phantasiespielen und gezielten Fragen werden neben der Erinnerung auch die Konzentration, die Wortfindung und die Formulierung aktiviert. Was geschah früher mit leeren Flaschen? Haben Sie früher leere Flaschen gesammelt und sich mit dem Flaschenpfand einen kleinen Wunsch erfüllt? Gab es in Ihrer Jugend auch die Vielzahl von Getränken? Was tranken Sie in Ihrer Jugend?

Hinweise

- ➜ Die TeilnehmerInnen motivieren, auch kleine Erlebnisse oder Gedanken zu berichten.
- ➜ Die einzelnen ausreden lassen, bei Zwischenrufen durch andere TeilnehmerInnen auf soziales Verhalten aufmerksam machen.
- ➜ Der Gruppenleiter sollte auch eigene Erlebnisse an die Gruppe weitergeben.

2 Denkflexibilität

Rätsel

Das Gesuchte war schon im Altertum begehrt, im 17. und 18. Jahrhundert ersetzte es bei uns vielfach ein reinigendes Bad. Aufbewahrt wird das Gesuchte heute in kleinen Flaschen, die oft von Künstlern gestaltet werden. Für die Herstellung des Flascheninhalts sind Blumen wichtig, aber auch Alkohol und andere Stoffe. Ob aus Lavendel, Rosen und Maiglöckchen – mit der Zeit "verduften" sich diese Pflanzen. Fast jede Frau und immer mehr Männer umgeben sich gerne mit dem gesuchten Element.
Lösung: Parfüm
(Im 17. Jahrhundert hielt man Waschen für ungesund,
das Parfüm sollte den Körpergeruch überdecken.)
Anregung zum Gespräch:
Haben Sie ein Lieblingsparfüm? Hat sich Ihr Geschmack im Laufe des Lebens verändert? Wollen Sie mit Worten Ihren Lieblingsduft beschreiben?

Doppelsinnwörter

Welche anderen Bedeutungen fallen Ihnen zu „Flasche“ ein?
(Versager, Rollen beim Flaschenzug)

Zum Thema:

Die „Feldflasche“ wurde ebenso genannt wie der „Flaschenzug“.

Zum Thema:

Die „Flasche“ aktivierte den kreativen Wortschatz. „Flaschenkind“, „Feldflasche“, „Flaschenpost“ und „Flaschenpfand“ wurden benannt und besprochen.

3 Wortspeicherübungen

1. Wortsammlung

- Welche Flaschen kennen Sie?
  Lösung: Milchflasche, Wein-, Öl-, Baby-, Wärm-, Parfüm- …
- Aus welchem Material können Flaschen bestehen?
  Lösung: Glas, Steingut, Metall, Kunststoff, …

Anregung zum Gespräch:

a) Wie wurden früher Säfte in der Küche verarbeitet?

b) Kennen Sie eine Verwendung für leere Steinhägerflaschen? (im Garten als Beetbegrenzung)

2. ABC-Spiel

Was kann man alles in eine Flasche füllen?

Lösung: **A**rznei, Alkohol, Alsterwasser, Arrak, …
Bier, Borwasser, Badeöl, Bananenmilch, …
Cognac, Chlorreiniger, …
Durstlöscher, Dosenmilch, Duschgel, …
E …

4 Übungen für die Sinne

Hörsinn

In kleine Flaschen werden Gegenstände eingefüllt und verschlossen, in jeweils zwei Flaschen befindet sich der gleiche Gegenstand. Die TeilnehmerInnen sollen durch Schütteln herausfinden, welche zwei Flaschen jeweils den gleichen Inhalt haben. (Mögliche Füllstoffe: Knöpfe, Reis, Streichhölzer und Stecknadeln ...)

Visualisierung

Mit einer Entspannungsgeschichte werden die TeilnehmerInnen in Gedanken an einen Strand geführt. Sie gehen durch den nassen Sand, die Füße drücken sich sichtbar ein, Muscheln, kleine Steinchen und eine Flasche liegen dort. Die Flasche wird aufgehoben und für eine Flaschenpost benutzt. Was schreibt jeder auf seinen Zettel? ... Jetzt wirft jeder Teilnehmer diese Flaschenpost ins Meer und wartet ab, wohin die Strömung sie treibt. (Dazu kann eine CD mit Meeresrauschen erklingen.)

Kim-Übung

Unterschiedliche Flaschen werden erklärt, danach abgedeckt und erinnert (Nagellack-, Pril-, Wein- und Essigflasche)

Zum Thema:

Parfümflaschen eignen sich gut für eine Sinnesübung, außerdem wecken sie angenehme Erinnerungen.

Zum Thema:

Fragen nach dem ersten Weinglas im Leben wurden gestellt, nach dem ersten Parfüm ...

5 Wissen Sie es?

Was ist das?

Im Gespräch werden folgende Begriffe geklärt:

- Flaschenpost
  Lösung: Beförderung von Nachrichten in einer geschlossenen Flasche, die ins Wasser geworfen wird.
- Flaschenkürbis
  Lösung: Kürbisgewächs, das flaschenförmige Früchte hervorbringt, die zu Gefäßen verarbeitet werden (Kalebassen).
- Flaschenzug
  Lösung: Lastenhebegerät, bei dem ein Seil über verschiedene Rollen = Flaschen geführt wird.

Anregung zum Gespräch:

- In welcher Situation wirft jemand eine Flaschenpost ins Meer?
- Aus welchem Land kommen schön verzierte Kürbisse?

Beschreiben Sie:

- Weißweinflasche (schlanke Form mit langem Hals)
- Sektflasche (dickwandiges Glas, tief eingezogener Boden)

6 Bewegungsübungen

Viele erzählten von Rückenschmerzen nach langem Tragen der Getränkekisten.

1. Übung

- Die Teilnehmer sitzen im Kreis, zwei verschiedenfarbige Kunststoff-flaschen werden möglichst schnell weitergegeben.
- Eine Flasche wird nach rechts weitergegeben, die andere nach links.

2. Übung

Es werden Städte (Tiere, Namen usw.) nach dem ABC gesucht. Einer macht den Anfang und dreht dann eine Flasche auf dem Tisch. Derjenige Teilnehmer muß weitermachen, auf den der Flaschenhals zeigt. Er nennt den nächsten Begriff und dreht wieder die Flasche.

3. Übung (mit einem Kirschkernsäckchen als Übungsgerät)

- → Säckchen mit Daumen und Zeigefinger fassen
- → Säckchen mit Daumen und Zeigefinger am Zipfel fassen und kreisen lassen
- → Säckchen fallen lassen, mit der gleichen Hand wieder auffangen, bevor es auf den Schoß fällt.

Thema: Apotheke

Zum Thema

Dieses Thema findet bei den TeilnehmerInnen meist großen Anklang. Jeder teilt seine Erfahrungen mit, die er als Kind oder später mit diesem medizinischen Bereich gemacht hat. Viele kannten noch den Namen „ihrer“ Apotheke.

1 Aus der Praxis

Biographisches Arbeiten

- Wie sah eine Apotheke in Ihrer Kindheit aus?
- Mit welchen Erkrankungen ging man früher ins Krankenhaus?
- Mit welchen Hausmitteln behandelte Ihre Mutter die Familie zu Hause?
- Haben Sie jemals den Notdienst einer Apotheke in Anspruch nehmen müssen?

Hinweis

Mit diesem Thema werden das Langzeitgedächtnis, die Konzentration, die Fähigkeit zu formulieren und der Wortschatz aktiviert und gefördert.
Die Teilnehmer werden motiviert, gezielt ihre Erinnerungen abzurufen und nacheinander zu berichten.

2 Denkflexibilität

Rätsel

Bei der Gesuchten handelt es sich um einen Behälter mit Verschluß. Sie ist wasserdicht, aber manchmal auch undicht. Heute besteht sie meistens aus Gummi, früher auch aus Metall. Man kauft sie in der Apotheke oder in der Drogerie. Sie wird zur Linderung von Unpäßlichkeiten benutzt. Man füllt sie mit heißem Wasser.
Lösung: Wärmflasche.

Anregung zum Gespräch:
➜ Bei welchen Erkrankungen haben Sie eine Wärmflasche benutzt?
➜ Hatten Sie einmal ein unangenehmes Erlebnis mit der Wärmflasche?
➜ Mußten Sie Ihr kaltes Bett mit einer Wärmflasche vorwärmen?

Lachen und verbessern

Der Apotheker benutzt zum Mischen der Medikamente Mörder und Schüssel.
Lösung: Mörser und Stössel

Zum Thema

Welche Medikamente stellt der Apotheker selber her, welche kleinen Beigaben legt er in die Medikamententüte? Das Wissen um die gegenwärtige Arbeitsweise wird aktiviert.

Thema: Apotheke

Zum Thema

Das Wort Apotheke weckt eine Vielzahl anderer Begriffe, die scheinbar vergessen waren. Sie gilt es zu aktivieren: Namen der örtlichen Apotheken, von Medikamenten und Tees etc.

3 Wortspeicherübungen

Wortsammlung

Welche Artikel können Sie in einer Apotheke heute kaufen?
Lösung: z. B. Medikamente, Tee, Kosmetika, Seife, Kindernahrung, Heilkräuter, Zeckenzange, Flohpulver ...

Anregung zum Gespräch:

➜ Welche Heilkräuter kennen Sie?

➜ Mußten Sie früher für ein Rezept eine Gebühr bezahlen? – Wie ist das heute?

Lösung: Seit dem 1. 7. 1997 je nach Packungsgröße 8,–, 9,– oder 10,– DM. Die Summe wird vollständig an die Krankenkasse abgeführt.

Wortspiel

Gesucht werden Wörter, die – wie Apotheke – mit A beginnen und mit E enden.
Lösung: z. B. Abwehrkräfte, Aktentasche, Anne, Abreise, Antenne, Abendsonne ...

4 Übungen für die Sinne

Tastsinn

Drei Gegenstände sind in einem geschlossenen Beutel und sollen erraten werden: a) Seife · b) Zahnbürste · c) Tablettenspender

Anregung zum Gespräch:

Wozu dienen Seifenbäder? Haben Sie immer teure, duftende Seife benutzen können?

Wozu kann man eine Zahnbürste im Haushalt noch verwenden? (Silberputzen, Entkalken von Geräten ...)

Visualisierung und Atemübung

Stellen Sie sich vor: Sie haben eine große Schüssel mit warmem Wasser und streuen Kamilleblüten hinein. Jetzt legen Sie ein großes Handtuch über den Kopf, atmen durch die Nase ein und hörbar durch den offenen Mund aus.

Hörübung

Lieder werden angesummt, erraten und gemeinsam weiter gesungen.

a) Wasser ist zum Waschen da ...

b) Wenn alle Brünnlein fließen ... usw.

Zum Thema

Ein Sprichwort kann im Gedächtnistraining bewiesen werden: Lachen ist die beste Medizin. Die nachfolgenden Übungen bestätigen die Richtigkeit dieses Satzes.

Zum Thema

Erfragt werden Behandlungsmethoden, bei denen Heilkräuter verwendet wurden, die man in der Apotheke kaufte oder für die Hausapotheke sammelte. Längst vergessene Gesundheitstips wurden genannt.

5 Wissen Sie es?

Rätsel

1. Wie kann man Abwehrkräfte des Körpers stärken?
   Lösung: Wechselduschen, gesunde Ernährung, Vitamine, Lebertran, Bewegung.

Anregung zum Gespräch:
Haben Sie früher mehr für Ihre Gesundheit getan?

2. Mit welchen alten Hausmitteln behandeln Sie Krankheiten?
   Lösung: z.B. bei Schnupfen Kamillendampfbad, bei Fieber Wadenwickel, bei Erkältung Holundersaft, bei Husten Zwiebelsaft, bei Sonnenbrand Quarkumschläge

3. Wie sah wohl eine Apotheke vor 200 Jahren aus?
   Lösung: Es gab viel mehr Heilkräuter, Mineralien und Salze, woraus der Apotheker die Arzneien selber mischte. Hier entstanden auch die Rezepte für Schokolade und Marzipan.

6 Bewegungsübungen

Motorisches Erinnern

- Mit den Fingern Pillen drehen. Zuerst mit einer Hand: Daumen und Zeigefinger, Daumen und Mittelfinger, Daumen und Ringfinger, Daumen und kleiner Finger. Anschließend mit beiden Händen. Erschwernis: mit der rechten Hand mit Daumen und Zeigefinger beginnen, die linke Hand beginnt mit Daumen und kleinem Finger.

- Mit beiden Händen Medikamentenpackungen vor- und rückwärts drehen (nach der Gebrauchsanweisung suchen)

- Imaginäre Medikamente aus unterschiedlichen Regalhöhen holen

- Einen langen Verband mit der rechten Hand um den linken Arm wickeln und umgekehrt

- Einen Schal dreifach um den Hals legen, danach abnehmen und eng aufwickeln.

Zum Thema

Viele Bewegungen von Heilbehandlungen kann man imitieren. Das motorische Erinnern wird aktiviert: einen Verband um die Hand wickeln, einen Schal um den Hals legen, Kohlblätter um das Knie binden usw.

Thema: Photos

Zum Thema

Die TeilnehmerInnen werden durch Photos aus der „guten alten Zeit“ gezielt in ihre erlebte Vergangenheit zurückgeführt, ein lebhafter Gedankenaustausch entsteht.

1 Aus der Praxis

Biographisches Arbeiten

Biographisches Arbeiten bedeutet, daß sich die TeilnehmerInnen einer Gruppe mit ihrer eigenen Vergangenheit beschäftigen. Wie kein zweites Thema eignet sich diese Stunde dazu, durch Photos der TeilnehmerInnen Erlebnisse aus der Vergangenheit zurückzuholen, von diesen Erlebnissen zu berichten und sie miteinander zu vergleichen.

Hinweis

Wenn einzelne TeilnehmerInnen keine eigenen Photos mitbringen können, sollten sie ein Photo beschreiben, an das sie sich noch gut erinnern können – das ist genauso lebendig wie das verschollene Photo.
Die Photos sind eigentlich nur ,,Hilfsmittel'', um die Vergangenheit lebendig werden zu lassen. Das ,,Gestern'' wird mit dem ,,Heute'' verglichen, Unterschiede werden herausgearbeitet.

2 Denkflexibilität

Rätsel

1. Folgende Redewendungen sind verfremdet, wie heißen sie richtig? Die Antwort hat immer etwas mit dem „Bild" zu tun.

a) Sich eine Meinung über jemanden bilden.
Lösung: Sich ein Bild von jemandem machen.
b) Das ist ein trauriger Anblick.
Lösung: Ein Bild des Jammers.
c) Das sah komisch oder lustig aus.
Lösung: Ein Bild für die Götter.
d) Sich eine Vorstellung machen, Bescheid wissen.
Lösung: Über etwas im Bilde sein.

2. Was ist hier geschehen?
Ein Ehepaar hat Gäste. Es bittet diese ins Wohnzimmer und unterhält sie mit 420 einzelnen Erlebniseindrücken, kurz darauf gähnen alle – bis auf die Gastgeber.
Lösung: Das Ehepaar zeigt Dias des letzten Urlaubs.

Zum Thema

Photos werden zu Rätseln, wenn das photographierte Motiv nicht eindeutig zu erkennen ist, z.B. starke Vergrößerungen von Teilen bekannter Gegenstände. Ein Kalenderbild kann auch teilweise abgedeckt und nach und nach erraten werden.

Thema: Photos

Zum Thema

Die Kursleiterin photographiert die Gruppe und schenkt beim nächsten Treffen jedem Teilnehmer einen Abzug. Diese Photos wurden ausführlich betrachtet und regten zu weiteren Gesprächen an.

3 Wortspeicherübungen

1. Übung

Jeder Teilnehmer nennt reihum ein Motiv, das er gerne photographieren würde, z.B. den Baum vor dem Haus, einen Blick aus dem Fenster, eine Strandansicht, das Elternhaus …

2. Übung

Zu welchen Anlässen wurde früher photographiert?
Taufe, Schulanfang, Geburtstag, Schulausflug, Abschlußklasse, Kommunion/Konfirmation, Hochzeit, Silberhochzeit …
Anregung zum Gespräch:
Beschreibung einer besonderen Photographie und ihrer Entstehungsgeschichte. Erinnern Sie sich an Ihr erstes Photo? Gibt es auch frühere Photos, auf denen Sie alleine abgebildet sind?

3. Übung

Zungenbrecher, den jeder reihum nachspricht, etwa:
Florian photographiert fortlaufend frische, freche Fische.

4 Übungen für die Sinne

1. Kennenlernspiel

Jeder Teilnehmer bringt zwei Photos mit, eins aus seiner Kindheit und eins aus der frühen Erwachsenenzeit. Diese Bilder legt die Kursleiterin mit der Bildseite nach unten in willkürlicher Reihenfolge in Kreisform auf den Tisch. Die TeilnehmerInnen drehen die Bilder nacheinander um und überlegen, wen das Photo jeweils darstellt. Nachdem ein Teilnehmer erraten wurde, kann dieser etwas zu seinem Bild sagen.

Anregung zum Gespräch:
Wann wurde dieses Photo gemacht? Wer hat photographiert? Was war der Anlaß? Was passierte in jener Zeit noch?

2. Erzählspiel

Aus vielen Photos (Kalenderblättern) wählt sich jeder Teilnehmer eines aus und erzählt eine Geschichte, die ihm zu diesem Photo einfällt. Das kann eine Phantasiegeschichte oder etwas aus eigenem Erleben sein.

Zum Thema

Die TeilnehmerInnen freuen sich, wenn auch die Kursleiterin eigene Bilder aus ihrer Kindheit mitbringt, z.B.: Bilder ihrer Eltern, ihrer Geschwister, ihr Kinderbild usw.

Thema: Photos

Zum Thema

Ansichtskarten sind oft Photos von schönen Landschaften oder Städten. Die Karten werden gezeigt, und die TeilnehmerInnen sollen erraten, was auf den Karten abgebildet ist.

5 Wissen Sie es?

Wieso, weshalb, warum?

1. Seit wann gibt es Photos?
   Lösung: Erste befriedeigende Ergebnisse gab es mit schwarz-weißen Bilder ab 1826. Das erste Patent dazu erschien 1841.

2. Was benötigt man, um ein Photo zu erstellen?
   Lösung: Photoapparat, Film, Objekt.

3. Was bedeutet eigentlich das Wort Photographie?
   Lösung: Lichtschreiber oder Lichtbild, von den griechischen Wörtern „photos" = Licht und „graphein" = schreiben, bilden.

4. Warum lachen vor allem ältere Menschen so selten auf alten Photos?
   Lösung: Weil sie vermutlich schadhafte Zähne hatten, die sie nicht zeigen wollten.

Ein Photo ist ein dauerhaftes Abbild durch Einwirkung von Strahlen auf besonders beschichtetem Papier.

6 Bewegungsübungen

1. Koordinationstraining

Die Finger der rechten Hand einzeln zum Daumen führen und die Fingerkuppen fest gegeneinander drücken. Mit der linken Hand gegengleich arbeiten. Auslöser drücken beim Photographieren.

2. Gedankenspaziergang

In Gedanken leitet die Kursleiterin die Gruppe zu einem Spaziergang ins Freie. Die Bewegungen werden im Sitzen nachgeahmt. „Die Gruppe schreitet tüchtig aus (marschieren), muß durch altes Laub stapfen (Beine heben), zeigt auf einen Vogel am Himmel (Arm hochheben), greift seitlich ins Gebüsch, um einen Ast zu brechen (seitwärts greifen) usw."

Hinweis: Diese Übung regt auch die Phantasie an und verhilft so zu neuen Eindrücken.

Thema: Photos

Zum Thema

Photos von bekannten Sportlern geben Anlaß, an deren Namen zu erinnern und ggf. ihre Sportart durch eine Bewegung zu charakterisieren.

Jeder überlegt: wie boxte Max Schmeling, wie hält man ein Paddel ...

Thema: Meer

Zum Thema

Die TeilnehmerInnen zeigten reges Interesse an einem beleuchteten Globus, der ihnen die Vielfalt der Meere demonstrierte.

Geographische und historische Erinnerungen aus ihrer Schulzeit wurden geweckt.

1 Aus der Praxis

Biographisches Arbeiten

Das Thema „Meer" versetzte die TeilnehmerInnen in eine Vergangenheit mit angenehmen Erinnerungen wie Urlaub, gemeinsame Kuren mit ihren Kindern, schöne Naturerlebnisse.
Der mit Muscheln und Sand (aus dem letzten Urlaub mitgebracht) dekorierte Tisch war Anregung, über Erlebnisse am Meer zu berichten (Abendspaziergang, Sonnenuntergang, Drachen steigen lassen, Burgen bauen).

Hinweis

Das Langzeitgedächtnis, die Wortfindung und die Phantasie sollten bei diesem Thema aktiviert werden. Als Erinnerung nahmen die TeilnehmerInnen gerne eine der ausgelegten Muscheln mit. Bei den meisten liegt sie seitdem auf ihrem Nachttisch.

2 Denkflexibilität

Ergänze richtig

- Smutje ist nicht die Bezeichnung für einen Schmutzfink, sondern ...
  (So nennt man in der Seemannssprache den Schiffskoch.)
- Eine Sardine ist keine Bewohnerin der Mittelmeerinsel Sardinien, sondern ...
  (Es ist ein kleiner Heringsfisch, manchmal in Öl eingelegt, Ölsardine.)
- Ein Backfisch ist nicht nur ein in Teig ausgebackener Fisch, sondern auch ...
  (Früher nannte man junge Mädchen so.)
- Eine Scholle ist nicht nur ein flacher Salzwasserfisch, sonderm auch ...
  (Eine Bezeichnung für Erde, Acker)

Lachen und verbessern

Die Gezeiten heißen Ebbe und Flucht. (Flut)
Ein schmackhaftes Muscheltier ist die Aster. (Auster)
Die Löwen fliegen an der Küste und begleiten die Schiffe. (Möve)
Borkum und Sylt sind Pinsel in der Nordsee. (Inseln)

Zum Thema

Die TeilnehmerInnen konzentrieren sich auf die Fragestellung des Kursleiters/der Kursleiterin. Die Merkfähigkeit wird trainiert, ebenso wird das soziale Verhalten innerhalb der Gruppe gefördert.

Thema: Meer

Zum Thema

Die einzelnen Begriffe aus der Wortsammlung sollen die TeilnehmerInnen erklären, z. B.: ein Kochfisch ist ein Fisch, der gekocht serviert wird. Je mehr Informationen zusammenkommen, um so stärker sind die Erinnerungsmöglichkeiten.

3 Wortspeicherübungen

Der Anfang bleibt

Alle gesuchten Begriffe beginnen mit dem gleichen Buchstaben.

- Wie heißt der Himmelskörper, der die Gezeiten steuert?
- In welchen Schalentieren können sich Schmuckstücke bilden?
- Wie heißt das Meer zwischen Europa, Afrika und Asien?

Lösung: Mond, Muschel, Mittelmeer

Wortsammlung

Gesucht werden Begriffe, die das Wort „Fisch" enthalten.
Lösung: Fischgeschäft, Stockfisch, Kochfisch, Fischkutter ...
Anregung zum Gespräch:
Gab es in Ihrer Jugendzeit oft Fischgerichte? Waren es gesalzene, geräucherte oder frische Fische?

Zungenbrecher

Alle TeilnehmerInnen sollen folgenden Satz einmal nachsprechen:
Fischers Fritze fischt frische Fische, frische Fische fischt Fischers Fritze

4 Übungen für die Sinne

Hörsinn

- Eine Musik mit Meeresrauschen erklingt (z. B. CD „Meer"), während die TeilnehmerInnen mit geschlossenen Augen den Klängen lauschen. Anschließend kann jeder erzählen, was er sich beim Hören der Musik vorgestellt hat.
- Lieder vom Meer werden angesummt und danach erraten. Es wird schwerer, wenn die ersten Takte fehlen.

Beispiele: Wir lieben die Stürme, die brausenden Wogen ...
Eine Seefahrt, die ist lustig ...
Ein kleiner Matrose umsegelt die Welt ...

Tastsinn und Sehsinn

Verschiedene Muscheln und eine Perlenkette werden, in einem Säckchen verpackt, herumgereicht und ertastet. Die Gegenstände werden benannt und anschließend betrachtet

Anregung zum Gespräch:
Haben Sie früher auch Muscheln gesammelt? Warum wachsen in manchen Muscheln Perlen?

Zum Thema

Die TeilnehmerInnen freuen sich, wenn sie einen Gegenstand ertasten dürfen, den sie früher einmal besessen haben. So besitzen viele Frauen eine Perlenkette. Auch das Betrachten von Muscheln schärft die Wahrnehmung.

Zum Thema

Die Übungen reichen vom geographischen Denken bis zum Kochtopf. So wird die Flexibilität des Denkens gestärkt, und es werden größere Zusammenhänge erkannt. Vernetztes Denken ist die Folge.

5 Wissen Sie es?

Wissen Sie es?

- Welche Meere kennen Sie?
  Lösung: Nordsee, Ostsee, Mittelmeer, Atlantik, Rotes Meer, Pazifik

Anregung zum Gespräch:
Haben Sie dort einmal Urlaub gemacht, eine Kur verlebt? In welchen Orten waren Sie?

- Was ist alles im Meer enthalten?
  Lösung: Salz, Plankton, Algen, Fische und andere Lebewesen ...
- Wie heißt der bedeutendste Nutzfisch der deutschen Fischer?
  Lösung: Hering! Diese Fische sind Planktonfresser.
- Welche Marktformen des Herings kennen Sie?
  Lösung: Matjes, Rollmops, Brathering, Räucherhering, Bückling ...
- Sind die Landmassen oder die Wasserflächen auf der Welt größer?
  Lösung: Die Meere bedecken 71% der Erdoberfläche.

Anregung zum Gespräch:
Wie essen Sie Hering am liebsten? Wie teuer war Hering früher im Vergleich zum Fleisch? Was ist Ihr Rezept für einen guten Heringssalat?

6 Bewegungsübungen

Schwimmübungen

- ✘ Mit den Armen langsame Schwimmzüge nachahmen. Dabei einmal der rechten Hand, einmal der linken Hand nachsehen.
- ✘ Mit den Füßen kreisende Schwimmbewegungen ausüben.
- ✘ Arme und Beine gemeinsam aktivieren.
- ✘ Abwechselnd die Arme nach vorn strecken, dabei einmal die Finger geschlossen halten und einmal die Finger spreizen.

Anregung zum Gespräch:
Konnten Sie früher Schwimmen lernen? Wo haben Sie es gelernt?

Phantasieübung

Wir machen in unserer Phantasie einen Strandspaziergang und ahmen, bei Meeresrauschen von einer CD, die Bewegungen nach: wir gehen

- ✘ durch feuchten Sand. Sie müssen die Beine schwer heben, die Fußspuren bleiben sichtbar
- ✘ durch flaches Wasser: Sie platschen mit Ihren Füßen das Wasser weg
- ✘ durch Wasser, das Ihnen bis zu den Knien reicht.

Zum Thema

In der Phantasie werden Erinnerungen wach, unterstützt durch Klänge, die das Meeresrauschen wiedergeben. Lange vergessene Bewegungen fallen den TeilnehmerInnen ein, sie werden selber erfinderisch, bauen z. B. Burgen.

Thema: Seife

Zum Thema

Das Thema der Gruppenstunde sollten die TeilnehmerInnen selber herausfinden, das fanden sie interessant. Ein Stück duftender Seife wurde in einem Säckchen herumgereicht, so konnte das Thema der Stunde ertastet und „erschnuppert“ werden.

1 Aus der Praxis

Biographisches Arbeiten

Die TeilnehmerInnen wurden mit diesem Thema sehr stark in die Vergangenheit zurückgeführt. Selbst diejenigen, deren Krankheitsbilder mit Alzheimer und HOPS angegeben sind, berichteten über die Rarität „Seife“ während des Krieges und wie sparsam sie mit „Schwimmseife“ umgegangen sind. Sicher hatten viele über dieses Thema lange nicht mehr nachgedacht und freuten sich, daß die Erinnerungen so zahlreich waren.

Hinweis

Mir als Leiterin waren einige Begriffe gänzlich unbekannt, die TeilnehmerInnen freuten sich, mir die Namen zu nennen und verschiedene Tätigkeiten in allen Einzelheiten zu schildern. Es wurde eine gesprächige Runde, zu der jeder beitragen konnte.

2 Denkflexibilität

Rätsel

- Gesucht wird ein Gegenstand, mit dem wir alle täglich in Kontakt kommen, Säuglinge ebenso wie Greise.
- In der Wohnung ist der Gegenstand an vielen Orten zu finden.
- Er kann feste, aber auch flüssige Form haben.

Lösung: Seife

Lachen und verbessern

Wenn man seine Füße mit zuviel Seife gewaschen hat, entstehen Seifenblasen.
Lösung: falsch, sie entstehen, wenn Seifenlösungen durch eine Röhre oder einen Ring geblasen werden.
Seifenbäder sind Badeorte, in denen die Gäste in Seife baden.
Lösung: falsch, es sind Bäder mit Kern- oder Schmierseife, sie dienen zum Erweichen der oberen Hautschichten.

Anregung zum Gespräch:
Haben Sie früher Seifenlösungen hergestellt? Bei welchen Erkrankungen wurden Seifenbäder eingesetzt?

Zum Thema

Die TeilnehmerInnen bliesen mit Strohhalmen aus den mitgebrachten Seifenlösungen wunderschöne Seifenblasen. Kindheitserinnerungen wurden geweckt, alte Techniken wieder wachgerufen – wie man z. B. kleine oder große Blasen machte.

Thema: Seife

Zum Thema

Mit viel Freude haben die TeilnehmerInnen in ihren Erinnerungen gekramt – es kamen viele alte Namen von Seifenartikeln zum Vorschein. Bei einem anschließenden Bummel durch ein Geschäft waren sie erstaunt, wieviel Seifenartikel dort angeboten wurden.

3 Wortspeicherübungen

Wortsammlung

- Welche unterschiedlichen Seifenarten kennen Sie?
  Lösung: Babyseife, Kernseife, Schmierseife, Toilettenseife, ...
- Welche anderen Reinigungsmittel benutzten Sie früher im Haushalt?
  Lösung: Essigreiniger, Waschpulver, Spülmittel, Handwaschpaste, ...

Anregung zum Gespräch: Gab es auch Seife für medizinische Zwecke (z.B. Einlauf), kennen Sie diese Anwendungen?

Reihumspiel

Was kann man alles mit Seife säubern? Der letzte Buchstabe eines Lösungswortes ist gleichzeitig der erste Buchstabe des neuen Wortes.
Beispiel: Pullove**r** – **R**ohrgestel**l** – **L**uftmatratz**e** – **E**imer – ...

Anagramm

Aus den Buchstaben des Wortes SEIFENBLASEN sollen neue Wörter gebildet werden.
Lösung: Seife, Blase, Ei, Esel, Salbe, Eifel, Bein, Senf, ...

4 Übungen für die Sinne

Riechsinn

- Duftende Toilettenseifen und Kernseife werden auf einem Tablett herumgereicht und die Empfindungen anschließend mitgeteilt. Nach welchen Stoffen riecht diese Seife? Nach Blumen- oder Fruchtstoffen?
- Flüssige Reiniger werden in kleinen Filmdosen herumgereicht. Wonach riechen diese?

Anregung zum Gespräch:
Warum duftet eine Seife (Duftstoffe sind beigefügt)? Welche Seifen haben Sie bevorzugt?

Tastsinn

Flüssige Seife und Seifenlauge wird zum Vergleich in die Hände gegeben. Es soll der Unterschied beschrieben werden.

Kreativübung

Selber Zungenbrecher erstellen:
Susanne säubert sehr selten Siegberts schönen schwarzen Skianzug.

Zum Thema

Über ein kleines Probestückchen duftender Seife als Erinnerung freuten sich die TeilnehmerInnen. Sie teilten mit, daß sie früher zu vielen Anlässen Seife verschenkt hätten, viele erinnerten sich sogar noch an die Namen der Seifen.

Zum Thema

Viele TeilnehmerInnen erinnerten sich, wie sie in Notzeiten versuchten, selber Seife herzustellen und welche Grundstoffe sie dazu verwandten. Redensarten wurden genannt (wie eine Seifenblase zerplatzen, jemanden einseifen) und erklärt.

5 Wissen Sie es?

Wissen Sie es?

- Woraus wird Seife gemacht?
  Lösung: Tierische und pflanzliche Fette und Öle werden mit Säuren und Natronlauge verschmolzen und zu einem „Seifenschleim" umgesetzt.

- Was ist ein Seifenkistenrennen?
  Lösung: Es ist ein Wettbewerb für Jugendliche, die in selbstgefertigten Wagen ohne Motor eine abschüssige Rennstrecke hinabfahren.

- Was ist eine Seifenoper?
  Lösung: Ein leichter Film mit „Herz und Schmerz". Vermutlich ist der Name von den amerikanischen Sponsoren dieser Filme, die aus der Seifenindustrie kamen, abgeleitet.

- Welche Seife benutzte man zum Säubern von Steinfußböden?
  Lösung: Schmierseife

- Was bedeutet die Redensart „Ich werde ihn einseifen"?
  Lösung: ihm die Meinung sagen

6 Bewegungsübungen

Phantasieübung

- Kernseife in kleine Stücke schneiden und in einen großen Topf einstreuen.
- Seife auf eine Wurzelbürste geben und die auf dem Tisch liegende Wäsche sauber schrubben.
- Wäsche auf einem Waschbrett waschen.
- Einen seifigen Waschlappen zur linken Hand, zum linken Unterarm, zum linken Oberarm und zur linken Schulter führen, gegengleich arbeiten. Danach linken Fuß, linken Unterschenkel und linken Oberschenkel umkreisen, gegengleich arbeiten.

Anregung zum Gespräch:
Wie haben Sie stark verschmutzte Wäsche gesäubert? Kannten Sie noch das Waschbrett?

Bewegungen mit Seife

Ein Stück Seife in beide Hände nehmen und drehen,

- ✗ hochwerfen und mit beiden Hände auffangen,
- ✗ mit der rechten Hand hochwerfen, mit der linken fangen,
- ✗ mit der rechten Hand hinter den Körper führen, mit der linken Hand entgegennehmen, gegengleich.

Zum Thema

Die TeilnehmerInnen erinnern sich, wie kräftezehrend ihre Mütter reinigen mußten. Danach folgen Gespräche, wieviel Erleichterung die moderne Hausfrau durch die Waschmaschine hat.

Thema: Haare

Zum Thema

Angefangen von duftendem Shampoo bis hin zur Beantwortung der Frage „Erinnern Sie sich an Ihr erstes graues Haar?“ war dieses Thema sehr abwechslungsreich und mit vielen Späßen und Lachen verbunden.

1 Aus der Praxis

Biographisches Arbeiten

Dieses Thema fand bei den TeilnehmerInnen reges Interesse, da sie in die Vergangenheit versetzt wurden durch Fragen wie: „Welche Frisur trugen Sie an Ihrem ersten Schultag, bei der Kommunion, Hochzeit, ...?“ Aber ebenso ist dieses Thema auch heute noch für die TeilnehmerInnen aktuell. Fiebern sie doch an den Tagen, an denen die Friseurin im Haus Isabel ihren kleinen Salon öffnet, ihrem Termin entgegen und lehnen alle anderen Angebote wie Singen, Ausflug oder Gymnastik ab.

Hinweis

Mir als Therapeutin wurde durch dieses Thema bewußt, wie wichtig für das Wohlbefinden der älteren Menschen ihre „geordneten Haare“ sind. Ich erkannte, daß durch ihren „neuen Kopf“ ihre Lebensgeister wieder neu belebt wurden.

2 Denkflexibilität

Verhältnisse suchen

Welches Wort muß hier logisch eingesetzt werden?

Prothese	– Zahnausfall	......	– Haarausfall	(Perücke)
Haare	– Kamm	Körper	–	(Waschlappen)
Seife	–	Shampoo	– Haare	(Körper)

Redewendungen

Folgende Redewendungen sind umschrieben, der richtige Wortlaut enthält „Haare".

a) Eine unangenehme Entdeckung machen.
(Ein Haar in der Suppe finden.)

b) Jemandem nur Schlechtes nachsagen.
(Kein gutes Haar an jemandem lassen.)

c) Energisch und durchsetzungsfähig sein.
(Haare auf den Zähnen haben.)

Lachen und verbessern

Menschen, die wenige Kopfhaare haben, tragen eine Brücke oder ein Coupé.

Lösung: Perücke, Toupet

Anregung zum Gespräch:

Worin besteht der Unterschied zwischen einem Toupet und einer Perücke?

Zum Thema

Einige TeilnehmerInnen erinnerten sich, daß eine Perücke nicht nur als Ersatz für die Haarpracht, sondern auch als Schmuck dient. Die Schauspieler benötigen sie. In früherer Zeit wurden sie sowohl von Frauen als auch von Männern getragen (Rokoko-Zeit).

Thema: Haare

Zum Thema

Eine Teilnehmerin demonstrierte den Sitz eines Haarnetzes, und es entstand ein angeregtes Gespräch über unterschiedliche Netze. Ein feines Netz schützte die Haare tagsüber vor Wind und Feuchtigkeit, ein grobes trug man in der Nacht.

3 Wortspeicherübungen

Drei Worte – ein Satz

Möglichst unterschiedliche Sätze mit diesen Wörtern bilden lassen:
a) Dauerwelle – Schere – Trockenhaube
b) Auto – Hund – haarscharf
Anregung zum Gespräch:
Wo haben Sie früher eine Dauerwelle machen lassen? (zu Hause, bei einer Freundin, beim Friseur)

Themenwörter

Nennen Sie Begriffe, die mit dem Thema „Haar" zu tun haben.
H: Haarschnitt, Haube, Haarwaschmittel, Henna, ...
A: Aufheller, Augenbrauen, auszupfen, ...
A: Ansatz, aschblond, anrühren, ...
R: Randbürste, Rotlicht, rubbeln, ...
Anregung zum Gespräch: Die einzelnen Begriffe erklären lassen.

Wortsammlung

Begriffe suchen, die „Haar" enthalten.
Lösung: Haarpackung, Haarfarbe, Haarschmuck, Haarnetz, ...

4 Übungen für die Sinne

Sehsinn

Kim-Spiel: Die TeilnehmerInnen prägen sich zehn Gegenstände ein, die danach verdeckt werden, z.B. Haarbürste, Kamm, Schere, Shampoo, ...
Nach einer kurzen Ablenkung (z.B. Lied singen) folgt die Auflösung: was lag unter dem Tuch?

Hörsinn

Lied ansummen und erraten lassen: Wo sind deine Haare, August? ...
Anregungen zum Gespräch:
Haben Sie früher Haarfestiger und Haarausspülung benutzt? Oder was haben Sie statt dessen benutzt?
Lösung: Essig, Bier, Birkenwasser, ...

Tastsinn

Ein Lockenwickler mit Borsten und ein Abflußreiniger werden jeweils in einem Leinensack herumgereicht.
Anregungen zum Gespräch:
Was hat der Abflußreiniger (Stampfer) mit dem Thema Haare zu tun?
Lösung: Beim Haarewaschen fallen Haare aus und verstopfen den Abfluß.

Zum Thema

Bei der Übung für den Tastsinn lachten einige TeilnehmerInnen herzlich. Es entstanden Diskussionen, Emotionen wurden geweckt, die Wortfindung wurde angeregt, Phantasie und soziales Verhalten wurden gefördert.

Zum Thema

Der Begriff „Haarnadel" erweckte Erinnerungen an frühere Frisuren. Die TeilnehmerInnen äußerten, daß sie in der Kindheit meistens lange Haare hatten, die zu besonderen Anlässen mit der Brennschere gelockt und mit Haarnadeln gesteckt wurden.

5 Wissen Sie es?

Wissen Sie es?

- Wozu dient das Haarkleid?
  Lösung: Schutz vor Wärmeverlust
- Wieviel Millimeter beträgt das tägliche Wachstum der Haupthaare?
  Lösung: ca. 0,2 bis 0,3 mm.
- Wie viele Kopfhaare verliert der Mensch im Durchschnitt täglich?
  Lösung: ca. 30 bis 100 Haare.

Richtig oder falsch?

Eine Haarnadelkurve ist der Bogen einer Haarnadel.
Lösung: Falsch, es ist eine haarnadelförmige Kurve in den Bergen.

Anregungen zum Gespräch:
Erinnern Sie sich an solche Kurven in den Bergen, die der Höhengewinnung dienen? Wo gibt es sonst noch solche Kurven? (Motorsport, Bobrennen). Haben Sie früher Haarnadeln benutzt und wann? (Hochsteckfrisur, Schleier anstecken, Affenschaukel feststecken, ...)

6 Bewegungsübungen

Die Tätigkeit des Friseurs soll erinnert werden

- ✗ Haare waschen (Kopf nach vorn oder hinten beugen), Shampoo einmassieren, abspülen
- ✗ Haare schneiden (mit der rechten Hand die Schere halten, mit der linken Hand Haarsträhnen hochhalten und Schneidebewegung machen)
- ✗ Haare auf kleine und große Wickler drehen
- ✗ Haare föhnen (gerade sitzen, Kopf und Oberkörper beugen)
- ✗ Fußboden mit dem Besen reinigen
- ✗ Handtücher zusammenfalten, einrollen und ins Regal einordnen

Anregung zum Gespräch:
Waren Sie zu Hause Ihr eigener Friseur?
Wieviel kostete früher der Friseurbesuch?

Spaßübung

Den TeilnehmerInnen selbsthaftende Lockenwickler reichen und sich selbst die Haare aufdrehen lassen. Oder der Seminarleiterin als Kundin die Haare aufdrehen.

Thema: Haare

Zum Thema

Alte Erinnerungen, in denen sie der Freundin, der Mutter, der Tochter die Haare gelegt haben, wurden geweckt. Der Spaß, an den Haaren zu arbeiten, war riesig. Sie spürten, wieviel Fingerfertigkeit und Mobilität der Finger benötigt werden, um eine Frisur herzustellen.

Thema: Urlaub

Zum Thema

Bilder mit Naturaufnahmen wurden gezeigt, ein bunter Frühlingsstrauß schmückte den Tisch. Einige TeilnehmerInnen erzählten, daß sie früher während eines Spaziergangs Blumen gepflückt hätten, um ihre Wohnung damit zu schmücken.

1 Aus der Praxis

Biographisches Arbeiten

Auf die Frage der Kursleiterin: „Was fällt Ihnen zu diesem Thema ein?" kamen die Antworten einiger TeilnehmerInnen recht spontan, ihre Augen leuchteten, und sie berichteten von schönen Urlaubserlebnissen und von interessanten Urlaubsorten.
Andere hingegen berichteten, daß sie früher nicht genug Geld besessen hätten, um sich einen Urlaub leisten zu können, aber trotzdem nicht unzufrieden waren. Außerdem würden heute viele Menschen ein Flugzeug besteigen, aber ihre nähere Umgebung kaum kennen.

Hinweis

In dieser Stunde wurde von mir eine besondere Sensibilität verlangt, und ich brach das Reihum-Fragen schon nach kurzer Zeit ab, um einen „Klassenunterschied" durch Äußerungen wie „Wir konnten uns immer einen Urlaub leisten, mein Mann verdiente genug" nicht bewußt werden zu lassen.

2 Denkflexibilität

Der Anfang bleibt

Bei einem Urlaub in den Bergen
a) Wie heißt das Kleidungsstück, das den Kopf vor Kälte schützt?
Lösung: **W**ollmütze
b) Sie schützen die Füße vor Verletzungen, Kälte, und mit ihnen kann man die Berge erklimmen. *Lösung:* **W**anderschuhe
c) Er wärmt den Oberkörper und wird von Frauen gerne in Handarbeit erstellt. *Lösung:* **W**ollpulli

Anregung zum Gespräch:
Haben Sie früher auch Ihren Wollpullover selbst gestrickt?

Puzzle-Spiel

Anfänge von Liedern, in denen ein Stadtname vorkommt, werden auf Karten geschrieben. Diese Karten liegen auf dem Tisch. Die TeilnehmerInnen ziehen die Karten, setzen sie zusammen und singen gemeinsam das Lied.

Beispiele: Im München steht ein Hofbräuhaus, ...
Ich hab' mein Herz in Heidelberg verloren ...
Wo mag denn nur mein Christian sein?

Anregung zum Gespräch: Sind Sie in ... gewesen?

Zum Thema

Bei dem Puzzle-Spiel zeigten die TeilnehmerInnen ein starkes soziales Verhalten. Sie bildeten kleine Gruppen, um das gesuchte Lied gemeinsam zu finden und zu singen. Die Stadt Hamburg war allen bekannt. Viele TeilnehmerInnen waren einmal dort gewesen.

Thema: Urlaub

Zum Thema

Die TeilnehmerInnen „packten" eifrig viele Dinge für einen Urlaub am Strand in den Koffer. Manche Dinge taugten eher für die Nordsee, andere für Südeuropa. Es entstanden interessante Diskussionen über praktische Reiseutensilien.

3 Wortspeicherübungen

Wortsammlung: Koffer packen

Wir fahren an den Strand. Welche Dinge packen wir in den Koffer?
Lösung: Badeanzug, Sonnencreme, warmer Pulli, Bademantel, ...

Anagramm

Sonnenbrille
Lösung: Sonne, Brille, Reise, Rille, Reis, Brise, Nonne, Leine, Bier, ...
Anregung zum Gespräch:
a) Was ist eine Brise? · b)Was ist eine Nonne?
c) Ist es sinnvoll, am Strand Alkohol zu trinken?

ABC-Spiel

a) Wir verreisen in Städte mit gleichen Anfangsbuchstaben.
Lösung: Aachen, Augsburg, Andernach, ...
b) Wir reisen in Städte in Begleitung einer Freundin/eines Freundes.
Lösung: Dresden mit Doris (oder Dagobert)
Essen mit Eleonore (oder Egon)
c) Wir verreisen in Städte mit Begleitung und kaufen ein Andenken.
Lösung: Gelsenkirchen mit Gerda und kaufen eine Gießkanne

4 Übungen für die Sinne

Sehsinn

Bilder mit Sehenswürdigkeiten herumreichen, z. B.: Eiffelturm, Porta Nigra, Kölner Dom, ...

Riechsinn

An verschiedenen Blumen riechen lassen und die damit erhaltene Wahrnehmung verbalisieren lassen.

Tastsinn

Hilfsmittel: Schwammkranz
Aus dem Blumenstrauß einen Kranz stecken lassen, zuvor die Stengel kürzen und die unterschiedlichen Blumen sanft betasten
Anregung zum Gespräch:
Welches sind Ihre Lieblingsblumen? (Antworten begründen lassen)

Visualisierungsübung

Welche Geräusche sind auf Bauernhöfen zu hören?
Welche Geräusche sind im Wald und im Park zu hören?
Welche Geräusche nehmen Sie am Bach oder am Meer wahr?

Zum Thema

Auf meine Bitte, jeder Teilnehmer solle sein Lieblingsgeräusch laut von sich geben, wurde das Meeresrauschen vom abfahrenden Zug übertönt. Beim Stecken eines Blumenkranzes zeigten die TeilnehmerInnen große Fingerfertigkeit.

Thema: Urlaub

Zum Thema

Im Zusammenhang mit der Frage: „Welche Farbe haben die einzelnen Münzen und Geldscheine?“ wurde deutlich, daß nicht alle wußten, daß es Tausendmarkscheine gibt.

5 Wissen Sie es?

Wissen Sie es?

1. Was ist Urlaub? (um Definition des Begriffes bitten)
   Lösung: Der Erholung dienender, von Berufspflichten freier Zeitraum.

2. Welche Geldstücke gibt es in Deutschland?
   Lösung: Pfg: 1, 2, 5, 10, 50 · DM: 1, 2, 5, 10

3. Welche Geldscheine gibt es in Deutschland?
   Lösung: DM-Scheine: 5, 10, 20, 50, 100, 200, 500, 1000

4. Wir machen Urlaub in einigen alten Städten. Wo?
   a) In dieser Stadt fängt jemand Ungeziefer (Hameln).
   b) In dieser Stadt gibt es viel Musik und Würstchen (Wien).
   c) In dieser Stadt fanden 1972 die Olympischen Sommerspiele statt (München).
5. Wie lang sollte ein Urlaub im Interesse der Gesundheit dauern?
   Lösung: ca. 2 Wochen
   Anregung zum Gespräch:
   Wie war das früher bei Ihnen?

6 Bewegungsübungen

Münzen

a) zählen
b) mit den Fingern drehen (Ober- und Unterseite betrachten)
c) mit 1. Daumen und Zeigefinger
2. Daumen und Mittelfinger
3. Daumen und Ringfinger
4. Daumen und kleinen Finger der rechten Hand festhalten
d) von einer Handinnenfläche in die andere geben (Drehen der Hände)
e) Münze mit der rechten Hand hochwerfen und mit der linken fangen.
f) Münze mit der Handinnenfläche hochwerfen und mit dem Handrücken auffangen und umgekehrt

Geldscheine

a) zählen
b) falten
c) zusammen- und auseinanderrollen
d) Sicherheitsstreifen ertasten

Anregung zum Gespräch:
Wozu dienen diese Streifen?

Zum Thema

Diese Übungen dienen der Konzentration und der Feinmotorik. Bei der anschließenden Schätzübung – ich stellte ein großes, mit Pfennigen gefülltes Glas auf den Tisch – wunderten sich alle, daß sich eine so beachtliche Summe darin befand.

Thema: Ball

Zum Thema

Die TeilnehmerInnen erinnerten sich bei diesem Thema an ihre ersten Spielbälle und gaben deren Farben an. Ebenso erinnerten sie sich an Tanzbälle, die sie auch mit viel Freude beschrieben.

1 Aus der Praxis

Biographisches Arbeiten

Das Thema der Einheit sollten die TeilnehmerInnen mit Hilfe des Teekessel-Spiels herausfinden.

Eine Praktikantin gab an, ihr Teekessel sei das älteste Spielgerät, es sei drehrund, man könne es fangen, schlagen, werfen und stoßen.

Die Kursleiterin sagte, daß ihr Teekessel ein Tanzfest sei, hervorgegangen aus den Turnierfesten an den mittelalterlichen französischen und burgundischen Höfen.

Sehr schnell fanden die TeilnehmerInnen heraus, daß es sich um den Begriff „Ball" handelte.

Hinweis

Der „Ball" als Spiel- und Therapiegerät wurde in allen Aspekten beachtet, aber auch der „Ball" als Tanzfest kam nicht zu kurz.

2 Denkflexibilität

Verdeckt ermitteln

- ✗ Der Gesuchte, bei dem das Tanzbein geschwungen wird, findet in einer Stadt außerhalb Deutschlands statt, nach der auch Würstchen benannt werden.
- ✗ Bei dem Gesuchten werden junge Mädchen (Debütantinnen) in die Gesellschaft eingeführt. *Lösung:* Wiener Opernball

Anregungen zum Gespräch:
Angenommen, Sie sind zu einem Faschingsball eingeladen: als was würden Sie sich verkleiden und wie sähe Ihr Kostüm aus?

Reise mit dem Ball

Sie stehen auf einem Gebäude einer Stadt und werfen einen Ball über einen Fluß.

		a) Wie heißt die Stadt?	b) Wie heißt der Fluß?
Gürzenich	➜	*Lösung:* Köln	*Lösung:* Rhein
Gedächtniskirche	➜	*Lösung:* Berlin	*Lösung:* Spree
Hofbräuhaus	➜	*Lösung:* München	*Lösung:* Isar
Eiffelturm	➜	*Lösung:* Paris	*Lösung:* Seine

Anregungen zum Gespräch:
Sind Sie jemals in einer dieser Städte gewesen?

Zum Thema

Mit Phantasie beschrieben die TeilnehmerInnen einen Faschingsball. Ihre Kostüme waren sehr unterschiedlich. Als eine Teilnehmerin von einem Maskenball berichtete, bei dem sie bei der Maskenabnahme vor ihrem eigenen Mann stand, waren die Lacher auf ihrer Seite.

Thema: Ball

Zum Thema

Eine Teilnehmerin berichtete über die zersplitterte Fensterscheibe eines Bäckerladens durch einen Fußball, der mitten in einer Torte „landete“, und welch große Probleme dadurch auf sie zugekommen waren.

3 Wortspeicherübungen

Der Anfang bleibt

Gesucht wird:

➜ ein anderer Name für ein kurzes Jäckchen, meist über einem Ballkleid getragen *Lösung:* Bolero

➜ Ein Tanzereignis, bei dem die Gäste elegante Kleidung tragen. *Lösung:* Ball

➜ Die Bezeichnung für eine Tänzerin, die in einem Ballett tanzt. *Lösung:* Ballerina

➜ Ein Tanz, der vor vielen Jahren von Manuela besungen wurde: „Schuld war nur der …“ *Lösung:* Bossa Nova

Drei Worte – ein Satz

● Frisur, Abendkleid, Sekt
Anregung zum Gespräch:
Um welchen Ball könnte es sich dabei handeln?
Lösung: Silvesterball, Offiziersball,…

● Ball, Fensterscheibe, Porzellan
Anregung zum Gespräch:
Haben Sie früher Erfahrungen mit solch einer Situation gemacht?

4 Übungen für die Sinne

Tastsinn

Säckchen, bestückt mit je einem Tennisball und einem Golfball, werden herumgereicht, und der Inhalt soll ertastet werden.
Anregung zum Gespräch:
Welche Empfindungen haben Sie, wenn Sie den jeweiligen Ball abtasten?

Hörsinn

Die TeilnehmerInnen halten die Augen geschlossen. Die Kursleiterin läßt nacheinander einen Tennisball, einen Golfball, einen Federball und einen Tischtennisball auf einem Holzbrett aufspringen. Am jeweiligen Geräusch soll erkannt werden, um welchen Ball es sich handelt.
Lied ansummen: Zum tanzen geht ein Mädel..., tanze mit mir in den Morgen...
Anregung zum Gespräch:
Was ist Ihr Lieblingstanz? Wo haben Sie tanzen gelernt?

Sehsinn

Eine große Schüssel, mit Wasser gefüllt, steht auf dem Tisch.
Frage: Kann ein a) Tischtennisball,
b) ein Golfball schwimmen?

Zum Thema

Die Kursleiterin stellte vor jeden Teilnehmer eine Wasserschüssel und gab ihm einen Golfball, den jeder mit Freude ins Wasser fallen ließ. Unbemerkt tauschte die Kursleiterin den normalen Golfball gegen einen Golf-Schwimmball aus ...

Zum Thema

Die TeilnehmerInnen zeigten großes Interesse an einem Pezzi-Ball. Abwechselnd und mit gegenseitiger Hilfe setzten sie sich auf den Therapieball. Bei dieser Übung wurden besonders die Körperwahrnehmung und das Vertrauen (zu sich und dem Therapeuten) angeregt.

5 Wissen Sie es?

Wissen Sie es?

- Sind alle Bälle von gleicher Struktur? *Lösung:* nein
  Unterschiede:
  a) Hohlbälle: Tischtennisball, Tennisball, Fußball, Handball, ...
  b) Vollbälle: Golfball, Kegelkugel, Bowlingkugel, ...

Anregung zum Gespräch:
Sind Bälle nur zum Spielen da, oder dienen sie auch noch anderen Zwecken?

- Aus welchem Material bestehen Bälle?
  Lösung: Gummi, Holz, Zelluloid, Plastik, ...
- Schätzübung:
  Wie schwer ist ein
  a) Golfball · b) Tennisball · c) Tischtennisball, ...

Zurück zum Tanzball!

- Kennen Sie den Begriff „Bolero" nur als Bezeichnung für ein kurzes Jäckchen?
  Lösung: Spanischer Tanz, Komposition von Maurice Ravel.
- Was ist eine Ballerina?
  Lösung: eine Ballettänzerin

6 Bewegungsübungen

Phantasieübungen, in der Runde sitzend

- Tango: Tanzhaltung einnehmen, auf gestreckte Körperhaltung achten. Füße stehen gerade in Schulterbreite, Kniegelenke angebeugt ca. 90°. Die Arme nehmen die Tanzhaltung ein. Die Augen sind im Blickkontakt mit dem Partner.

- Twist (Schinkenrutschen): Abwechselnd wird das Gewicht des Körpers auf die re. (li.) Gesäßhälfte verlegt und der li. (re.) Arm angebeugt und nach vorne geschoben.

- Ballspiel (Reihum-Spiel)
  a) Ein Tennisball wird an den rechten Nachbarn weitergereicht (danach an den linken).
  b) Ein Luftballon wird mit der rechten Handinnenfläche einem Mitspieler in der Runde zugestoßen, dann mit der rechten Faust und schließlich mit gefalteten Händen.

- Ein Tischtennisball soll in einen Wäschekorb geworfen werden, der in der Mitte der Runde steht, anschließend ein Luftballon.

Zum Thema

Die TeilnehmerInnen hatten viel Freude bei der gegenseitigen Massage, die sie mit leichten kreisenden Bewegungen mit dem Igelball entweder auf den Armen oder dem Rücken ausführten.

Thema: **Wasser**

Zum Thema

1 Aus der Praxis

Viel Spaß bereitete es den TeilnehmerInnen, der Kursleiterin mitzuteilen, daß Pflanzen besser mit abgestandenem Wasser gedeihen würden. Das Optimum sei allerdings durch Hinzugabe einiger Eierschalen ins Gießwasser zu erreichen.

Biographisches Arbeiten

Dieses Thema fand bei den TeilnehmerInnen großen Anklang. Nicht nur deshalb, weil Erinnerungen geweckt, sondern weil auch die Konzentration und das bewußte Interesse für den eigenen Körper angeregt wurden. Die Kursleiterin teilte den TeilnehmerInnen mit, daß das Wasser für Menschen, Pflanzen und Tiere ein lebenswichtiges Transportmittel ist, und verwies auf die Wichtigkeit der Flüssigkeitszufuhr von ca. zwei Litern pro Tag.

Hinweis

Eine Wasserschale mit prächtigen Blütenköpfen und Schwimmkerzen stand auf dem Tisch.

Die TeilnehmerInnen freuten sich, daß eine „durstige“ Topfpflanze bis zum Ende der Stunde wieder kräftig ihre Blätter und Blüten gedeihen ließ.

Es macht auch Freude zu sehen, wie die Wüstenpflanze „Rose von Jericho“ sich im Wasser entfaltet.

2 Denkflexibilität

Rätsel

- ➜ Der Gesuchte glänzt häufig und ist aus Metall oder Porzellan.
- ➜ Oberhalb ist rechts und links jeweils ein Drehknopf angebracht.
- ➜ Dreht man ihn nach links, gibt er eine Flüssigkeit ab, dreht man ihn nach rechts, läuft meistens gar nichts mehr.

  Lösung: Wasserhahn

Anregungen zum Gespräch:
Mit welchen Farben sind Wasserhähne oft gekennzeichnet? Welche Bedeutung haben diese Farben?

Was paßt zu welcher Sportart?

1) Rudern	a) Badehose
2) Tauchen	b) Ruder
3) Segeln	c) Sauerstoff-Flasche
4) Wasserski	d) Segel
5) Schwimmen	e) Haltegriff

Lösung: 1b; 2c; 3d; 4e; 5a

Anregungen zum Gespräch:
Können Sie schwimmen? Wo haben Sie es gelernt?

Zum Thema

Die meisten TeilnehmerInnen bedauerten, nicht schwimmen zu können, und berichteten, wie wichtig es ihnen erschien, daß ihre Kinder diese Sportart erlernten. Einige verloren erst im medizinischen Bewegungsbad ihre Angst vor dem Wasser.

Zum Thema

Die TeilnehmerInnen berichteten, daß sie früher eine Etagentoilette hatten und daß ebenso auf der Etage ein Wasserhahn mit Waschbecken angebracht war. Erst später hatten sie den „Luxus“ eines eigenen Badezimmers.

3 Wortspeicherübungen

Wortsammlung

Wo finden wir überall Wasser?
Lösung: Brunnen, Bach, Fluß, See, Regentonne, Wasserlache …
Anregungen zum Gespräch: Hatten Sie früher einen Brunnen zu Hause? Haben Sie Wasser in einer Regentonne gesammelt? Wozu?

Schüttelwörter

SARWES – WASSER; REMIE = EIMER; ALSCHEF = FLASCHE

Karten aufdecken

Sechs Begriffe werden auf Karten geschrieben. Diese werden nacheinander aufgedeckt, die Begriffe vorgelesen und definiert.

1. Wasserwerfer	*Lösung:* Polizeiwaffe
2. Wasserwelle	*Lösung:* a) Welle auf einem Meer, See, Fluß usw. b) künstlich eingelegte Haarwellen.
3. Wasserwaage	*Lösung:* Holzstab mit eingesetzter Libelle.
4. Wasserzähler	*Lösung:* Meßgerät für den Wasserverbrauch.
5. Wasserturm	*Lösung:* turmartiges Gebäude zur Wasserspeicherung
6. Wassertreten	*Lösung:* in der Kneippkur, bessere Blutzirkulation

4 Übungen für die Sinne

Hörsinn

Lieder zum Thema ansummen und erraten lassen.

Sehsinn

Drei mit Wasser gefüllte Glasbehälter
➜ mit Zucker anreichern (der Zucker löst sich auf)
➜ mit Öl anreichern (die Öltropfen schwimmen oben)
➜ Tinte hinzugeben (auf die Verfärbung achten)
Schätzübung:
(Material: kleine Schale gefüllt mit blau gefärbtem Wasser und eine Pipette).
Wie viele Tropfen Wasser befinden sich in dieser kleinen Schale?

Tastsinn

In einem Joghurtbecher entsteht über Nacht durch Hinzugabe von Wasser und einem Holzspachtel ein Eislolli. Diesen oder einfach einen Eiswürfel in die Hände nehmen und kurz hin- und herreiben. Später die Empfindungen mitteilen lassen.
Anregung zum Gespräch:
Können Sie sich an frühere Schneeballschlachten erinnern?

Zum Thema

Riesigen Spaß bereitete den TeilnehmerInnen die Schätzübung. Reihum nahm jeder die Pipette, drückte auf den Plastikkopf. Gemeinsam zählten sie laut und waren über das Ergebnis erstaunt. Denn alle, auch ich, hatten die Zahl unterschätzt.

Zum Thema

Manche TeilnehmerInnen berichteten von den Taufen ihrer Kinder, und daß sie früher sogar ihr neues Auto von einem Priester mit Weihwasser haben segnen lassen. Andere erzählten, daß es in Kirchen oft so kalt war, daß das Weihwasser gefroren war.

5 Wissen Sie es?

Wissen Sie es?

- Bei welcher Temperatur siedet Wasser?
  Lösung: Bei 100°.

Anregung zum Gespräch:
Haben Sie früher in der Säuglingspflege siedendes Wasser benutzt?
(Flaschen, Schnuller und Windeln gesäubert.)

- Bei welcher Temperatur erstarrt Wasser zu Eis?
  Lösung: Bei 0°.

Anregung zum Gespräch:
Wird Eis auch zu medizinischen Zwecken angewandt?
(Bei Rheumatikern, in der Sportmedizin bei Prellungen.)

Richtig oder falsch?

Eine „Wasserweihe" ist die feierliche Weihung des Tauf- und Weihwassers in der katholischen Kirche, besonders in der Osternacht.
Lösung: richtig

6 Bewegungsübungen

Bewegungen bei verschiedenen Sportarten

Welche Bewegungen sind bei folgenden Wassersportarten notwendig?
a) Rudern · b) Schwimmen · c) Tauchen · d) Wasserball
Hinweis:
Nicht korrigieren, jeden seine Übungen frei ausführen lassen.

Wassertreten

- Im Sitzen: abwechselnd den rechten und linken Fuß langsam von der Ferse zur Fußspitze abrollen lassen
- Abwechselnd rechten und linken Fuß in kleinen Schrittchen nach vorne und wieder zurück auf der Fußaußenkante fortbewegen (danach auf der Fußinnenkante).

Blumengießen

(abwechselnd mit der rechten und der linken Hand)

- Blumen in einem Blumentopf gießen.
- Blumen gießen, die auf einer Fensterbank stehen.
- Blumen in einer Hängeampel gießen

Zum Thema

Viel Freude und Spaß bereitete den TeilnehmerInnen das Reihumspiel „Schaumschlagen“. Eine mit Wasser und Badeschaum angereicherte Schüssel wurde herumgereicht, und mit Hilfe eines Schneebesens entstand viel Schaum. Erinnerung an Eischnee wurde geweckt.

Thema: Knopf

Zum Thema

Die TeilnehmerInnen saßen in der Runde, und die Kursleiterin schüttelte einen Pappkarton mit kleinen Löchern, der unterschiedliche Knöpfe enthielt. Verbunden mit der Frage: „Welche Gegenstände befinden sich in diesem Kästchen?“ ließ sie ihn reihum gehen.

1 Aus der Praxis

Biographisches Arbeiten

Durch das Thema „Knöpfe“ kommen schnell Gespräche in Gang: „Solche Knöpfe hatte einmal ein Kostüm von mir!“ – „Wie viele Knöpfe habe ich in meinem Leben wohl schon angenäht?“ – „Meine Enkel haben mit Knöpfen gerne gespielt!“

Erinnerungen an besondere Kleidung mit schönen Knöpfen steigen auf. Die Kursleiterin sollte diesen Gesprächen großen Raum einräumen.

Hinweis

Jeder Teilnehmer betrachtete den anderen bewußter, genauer. Es folgten Äußerungen wie: „Mensch, haben Sie heute eine schöne Strickjacke an.“ Die TeilnehmerInnen untersuchten die Anzahl ihrer eigenen Knöpfe. Die „Gewinnerin“ war eine Dame, die einen Pullover mit 48 Perlenknöpfen trug.

2 Denkflexibilität

Lachen und verbessern

➜ „Viele Knöpfe verderben den Brei." *Lösung:* Köche
➜ „Der Knopf an der Wand, hört seine eigene Schand."
Lösung: Lauscher

Anregung zum Gespräch: Bedeutungen dieser Redewendungen nennen

Rätsel

a) Die Gesuchte ersetzt in Notsituationen einen Knopf.
b) Sie ist aus Metall, hat zwei Bögen und ist verschließbar.
c) Es gibt sie in verschiedenen Größen.
Lösung: Sicherheitsnadel.

Redewendungen

Folgende Redewendungen sind umschrieben, der richtige Wortlaut enthält „Knöpfe".

- Nicht richtig hören können

Lösung: Knöpfe auf den Ohren haben

- Sich durch Zufall entscheiden

Lösung: etwas an den Knöpfen abzählen

Zum Thema

Eine Sicherheitsnadel als Knopfersatz kannten alle, und sie teilten der Reihe nach mit, wie sie sich mit deren Hilfe aus „peinlichen Situationen" befreit hatten. Bei dieser Übung wurde die Konzentration gefördert, und Erinnerungen aus dem LZG wurden geweckt.

Thema: Knopf

Zum Thema

Eine Teilnehmerin erzählte die Geschichte ihres ersten Versuchs, einen Knopf anzunähen. Sie benutzte eine dicke Stopfnadel und einen riesig langen Faden. Der Versuch mißlang; die Nadel paßte nicht durchs Knopfloch, und der Faden hatte sich verknotet.

3 Wortspeicherübungen

Anagramm

MANSCHETTENKNOPF
Lösung: Manschette, Mann, Asche, Ofen, Pfanne usw.
Anregung zum Gespräch: Wurden früher (werden heute) Manschettenknöpfe benutzt? Wie sahen sie aus?

ABC-Spiel

Jeder näht einen Knopf an einen Gegenstand an
Lösung: Anne näht einen Knopf an einen Anorak.
Berta näht einen Knopf an ein Biberbettuch usw.
Anregung zum Gespräch: Können Sie sich an Ihren ersten Versuch, eine Knopf anzunähen, erinnern.

Zungenbrecher

Klara kauft kurzfristig kleine knallrote Kugelknöpfe.

Wortsammlung

Begriffe angeben, die „Knopf" enthalten.
Lösung: Knopfloch, Knopfleiste, Druckknopf, Wäscheknopf, ...

4 Übungen für die Sinne

Tastsinn

Drei Säckchen bestückt mit 1-Pfennig-Stück, Glaskugel und Trachtenknopf werden herumgereicht. Die Tastempfindungen sollen mitgeteilt werden, der Inhalt soll ertastet werden.

Sehsinn

Kim-Spiel: Die TeilnehmerInnen prägen sich acht Gegenstände ein, die anschließend verdeckt und später erinnert werden sollen, z. B.: Kopfkissen, Bluse, Rock, Hose, Sofakissen, Pullover mit Zierknopf, Nähetui und Handtasche mit Druckknopf.

Seh- und Tastsinn

Ein kleines Leinenset liegt vor jedem Teilnehmer und soll mit Knöpfen dekoriert werden. Die TeilnehmerInnen wählen nach ihrer eigenen Phantasie Knöpfe aus und stellen sich somit ihr eigenes Set her.

Thema: Knopf

Zum Thema

Die Kreativübung bereitete den Teilnehmern viel Freude. Anfänglich zögerten sie, aber durch mein Lob wurden sie motiviert, sich ihr eigenes Bild oder Set zu erstellen. Es ist wichtig, daß viele Knöpfe zur Auswahl vorliegen.

Zum Thema

Die TeilnehmerInnen erinnerten sich an die Werbung „Steiff – Knopf im Ohr". Eine ältere Dame stand spontan auf, um aus ihrem Zimmer einen Teddy zu holen, der mittlerweile sehr alt war. Sie ließ ihn reihum gehen, und alle würdigten dieses alte Erinnerungsstück.

5 Wissen Sie es?

Richtig oder falsch?

- Ein Knopf ist nur ein Gebrauchsgegenstand und dient dem Verschluß der Kleidung!
  Lösung: falsch – Knöpfe dienen auch als Zierde, Schmuck.
  Anregung zum Gespräch:
  Nennen Sie Beispiele für Zierde, Schmuck.
- Knöpfe sind alle aus dem gleichen Material.
  Lösung: falsch
  Es gibt sie aus Glas, Kunststoff, Perlmutt, Holz, Horn, Zinn, Bernstein, früher auch aus Knochen.
- Stimmt es, daß eine Firma für Kuscheltiere mit einem Knopf im Ohr wirbt?
  Lösung: richtig – Die Firma Steiff.
  Anregung zum Gespräch:
  Um welches Kuscheltier handelt es sich dabei in der Hauptsache?
  Lösung: Teddy
- Die Männerkleidung wird von links nach rechts geknöpft, weil es prozentual mehr linkshändige Männer gibt.
  Lösung: falsch – Man weiß nicht, warum Frauen die Jacken anders knöpfen.

6 Bewegungsübungen

1. In einer großen Schale, bestückt mit vielen Knöpfen und weißen Bohnen, befinden sich auch andere Gegenstände, (z. B.: 2-Pfennig-Stücke, Bonbons), die entdeckt und herausgenommen werden sollen.

2. Die TeilnehmerInnen stellen sich vor, mit der
   a) rechten Hand, Nadel und kurzem Faden einen Knopf anzunähen.
   b) linken Hand, ...
   c) anschließend mit langem Faden.

3. a) Knopf in die rechte Handinnenfläche legen, Hand öffnen und schließen.
   b) Knopf mit der rechten Handinnenfläche hochwerfen und mit dem rechten Handrücken auffangen
   d) Beide Übungen mit der linken Hand ausführen.

4. Knopf auf den rechten Fußrücken legen (oder legen lassen). Das rechte Kniegelenk beugen und strecken, ohne daß der Knopf hinunterfällt. Anschließend die gleiche Übung mit dem linken Fußrücken ausführen.

Zum Thema

Obwohl sich die TeilnehmerInnen bei der vierten Übung sehr viel Mühe gaben, fiel der Knopf meistens auf den Boden. Der Grund dafür: zu glatte Schuhe. Sie freuten sich aber, daß sie der Kursleiterin somit „viel Bewegung verschafften“.

Thema: Schuhe

Zum Thema

Die TeilnehmerInnen waren sich bei diesem Thema sofort einig, wie wichtig ordentliches Schuhwerk sowohl für den Fuß als auch für die Optik ist. Sie brachten Beispiele, wie unwohl sie sich bei nicht richtig passenden Schuhen fühlten.

1 Aus der Praxis

Biographisches Arbeiten

Die TeilnehmerInnen erzählten Geschichten, die sie mit Schuhen erlebt hatten, z. B. von abgebrochenen Absätzen oder von Pflastersteinen, in denen sie mit dem Absatz hängengeblieben waren.

Voller Stolz berichtete eine Dame von der Rarität ihrer weißen Lack-Brautschuhe (sie heiratete 1930).

Es wurde weiter daran erinnert, daß es nach dem zweiten Weltkrieg keine Schuhfabriken gab und daher das Schuhmacherhandwerk blühte. Während des Krieges gab es nur alle zwei Jahre ein Paar Schuhe auf Bezugschein. Deshalb wurden die Schuhe auch viel sorgfältiger gepflegt als heute.

Hinweis

Einer Teilnehmerin bereitete dieses Thema, vor allem aber die Wortsammlung, sehr viel Freude. Sie übergab der Kursleiterin am nächsten Tag eine Sammlung von 92 Begriffen, in denen das Wort „Schuh" vorkam.

2 Denkflexibilität

Redewendungen

Welche Redewendung wird gesucht?

a) Jemandem die Schuld zuschieben.
Lösung: Jemandem etwas in die Schuhe schieben.

b) Sich lange vergeblich um etwas bemühen.
Lösung: Sich die Schuhe nach etwas ablaufen.

c) Jeder kennt die Ursache seiner Sorgen am besten.
Lösung: Jeder weiß am besten, wo ihn der Schuh drückt.

Richtig oder falsch?

a) Ein **Schuhspanner** ist ein Mensch, der sich mit Vorliebe Schuhe ansieht. (falsch)
Anregung zum Gespräch:
Haben Sie früher Schuhspanner benutzt? Und auch heute noch? Wozu dienen diese?

b) Ein **Schuhplattler** ist ein Schuster, der die Schuhe neu besohlt. (falsch)
Lösung: Es ist ein Tanz aus dem alpenländlichen Raum.

c) Ein Pantoffelheld ist ein Mann, der Heldentaten vollbringt. (falsch)

Zum Thema

Die TeilnehmerInnen gaben mir, angelehnt an die 3. Redewendung, einen guten Rat. Falls mich wirklich einmal ein Schuh drücken sollte (also zu eng sei), müßte ich einfach nur Urin in den Schuh geben – und mein Schuh sitze wieder wie „angegossen“.

Zum Thema

Es wurden die Unterschiede zwischen den verschiedenen Schuharten erarbeitet. Was ist ein Stiefel, eine Stiefelette, wie sieht ein guter Wanderschuh oder Skischuh aus? Gibt es Unterschiede zwischen einem Schuster und einem Schuhmacher?

3 Wortspeicherübungen

Wortsammlung

Begriffe suchen, in denen das Wort „Schuh" vorkommt.
Lösung: z. B. Schuhgeschäft, Schuhcreme, Sportschuh usw.
Anregung zum Gespräch: Haben Sie früher als Kind Ihre Schuhe besser gepflegt als Ihre Kinder dies heute tun?

Ersatzwörter

Finden Sie andere Wörter für „gehen".
Lösung: z. B. schreiten, schlendern, stolzieren, tippeln, latschen, …

Drei Worte, ein Satz

Bilden Sie einen Satz, in dem die Begriffe „Schuhe", „Geräusche" und „bezahlen" vorkommen.
Anregung zum Gespräch: Haben Ihre Schuhe auch schon einmal gequietscht? Kennen Sie die Redensart, die sich speziell auf diese Situation bezieht?
Lösung: Schuhe, die quietschen, sind noch nicht bezahlt.
Anregung zum Gespräch: Wo haben Sie früher Ihre Schuhe gekauft? Im Schuhgeschäft oder beim Schuhmacher?

4 Übungen für die Sinne

Sehsinn

Kim-Spiel: Die TeilnehmerInnen prägen sich acht verschiedene Schuhe ein, die anschließend verdeckt werden (Sandale, Skischuh, Turnschuh, Stiefel, Schnürschuh, Golfschuh, Pumps, elegante Sandalette).
Auflösung dieser Übung nach der Hörsinn-Übung!
Anregung zum Gespräch: Wie würden Sie Ihre Kursleiterin ankleiden, wenn sie a) braune Schnürschuhe, b) rote Sandaletten, c) schwarze Pumps anhätte?

Hörsinn

Lieder ansummen und weitersingen:
- Mein Mädel ist eine Verkäuferin …
- Zeigt her eure Füße …

Tastsinn

Ein Wildlederschuh und ein Golfschuh mit Spikes werden, jeweils in ein Säckchen verpackt, herumgereicht. Anschließend sollen die Empfindungen mitgeteilt werden.
Anregung zum Gespräch:
Haben Sie Wildlederschuhe auch mit Schuhcreme gepflegt?
Lösung: mit Bürstchen oder mit speziellem Puder.

Zum Thema

Besonders die Phantasieübung (Übung für den Sehsinn) bereitete den TeilnehmerInnen sehr viel Freude. Sie diskutierten und einigten sich, wie sie die Kursleiterin am vorteilhaftesten zu den vorgegebenen Schuhen ankleiden würden.

Thema: Schuhe

Zum Thema

Der Holzschuh war den TeilnehmerInnen aus vergangenen Zeiten bekannt. Sie gaben an, ihn bei der Gartenarbeit oder auch in der Waschküche getragen zu haben. Oder selbst an kalten Tagen, mit Zeitungspapier ausgelegt, um warme Füße zu bekommen.

5 Wissen Sie es?

Wissen Sie es?

→ Kennen Sie Märchen, in denen Schuhwerk eine Rolle spielte?
Lösungen: a) Aschenputtel
b) Der gestiefelte Kater
c) Die Siebenmeilenstiefel

→ Welche Bräuche oder Volksglauben sind Ihnen in Verbindung mit dem Schuh bekannt?
Lösungen: a) Pfennige sammeln für die Brautschuhe.
b) Schuhe hinter sich werfen als Eheorakel.
c) Das Ablegen der Schuhe als Demuts- oder Unterwerfungsgebärde.

Anregung zum Gespräch:
Kennen Sie noch andere Bräuche? Haben Sie früher auch vor dem Betreten eines Hauses oder einer Wohnung Ihre Schuhe ausgezogen?

→ Welches Land verbindet man häufig mit Holzschuhen?
Lösung: Holland (Trachten der Holländer in der Werbung für Käse)
Anregung zum Gespräch:
Haben Sie früher auch Holzschuhe getragen?

6 Bewegungsübungen

- Mit der rechten (linken) Hand einen Schuh eincremen und polieren.
  Mit der rechten (linken) Hand einen langen Schaftstiefel eincremen und polieren.
- Den gesäuberten Schuh im
  a) obersten,
  b) untersten Fach
  eines Schuhschrankes einräumen.
- Einen langen Schnürsenkel in einen Wanderschuh mit der rechten (linken) Hand einziehen.
- Den eigenen rechten (linken) Schuh bei ca. 90° Beugung des Kniegelenkes ausziehen.
- Die ausgezogenen Schuhe rechts und links neben den Stuhl stellen.
- Sich vorstellen, in Schuhen mit hohen Absätzen zu tippeln.

Zum Thema

Die meisten TeilnehmerInnen zogen ihre Schuhe aus, spaßeshalber rümpften sie ihre Nasen, und ein Herr scheute sich nicht, das Loch in seinem Strumpf zu demonstrieren. Der Begriff „Kartoffeln im Strumpf“ wurde dazu erinnert.

Thema: Weihnachten

Zum Thema

Das Thema „Weihnachten“ findet bei den TeilnehmerInnen immer wieder reges Interesse. Sie berichten von unterschiedlichen Sitten und Gebräuchen anläßlich dieser Feiertage. Freudige, aber auch wehmütige Erinnerungen werden benannt.

1 Aus der Praxis

Biographisches Arbeiten

Spielerisch werden durch die Übungen das Langzeitgedächtnis, die Reproduktionsfähigkeit und die Konzentration angeregt.

- ✗ Wie haben Sie Ihre Wohnung in der Weihnachtszeit geschmückt?
- ✗ Welche Kleidung trugen Sie an den Festtagen (als Kind, als Jugendlicher, als Erwachsener ...)?
- ✗ Wie haben Sie Heiligabend gefeiert?

Hinweis

Bei diesem Thema ist es unbedingt notwendig, bei aufkommender Traurigkeit mit Sensibilität zu reagieren. Etwa mit einer Frage wie: „Erinnern Sie sich noch an einen Wunsch, der Ihnen einmal zu Weihnachten erfüllt wurde?“ (Ggf. eine Geschichte von sich selbst erzählen.)
Nicht unbedingt die TeilnehmerInnen reihum befragen, damit kein Zwang zur Beantwortung der Fragen entsteht.

2 Denkflexibilität

Rätsel

1. Es errate, wer es will, ich lauf' und steh' doch still.
   Lösung: Kerze

Anregung zum Gespräch:
Zu welchen Anlässen zündeten Sie früher Kerzen an?

2. a) Der gesuchte Gegenstand dient der Zeitmessung.
   b) Man benutzt ihn nicht während des ganzen Jahres.
   c) Man kann ihn in verschiedenen Ausführungen kaufen oder selber herstellen.
   d) Am Ende der Zeitmessung steht ein besonderes Ereignis.
   e) Vor allem Kinder suchen mit viel Freude 24 mal etwas an diesem Gegenstand.
   Lösung: Adventskalender

Anregung zum Gespräch:
Haben Sie früher Adventskalender gebastelt?
Aus welchem Material? Welche kleinen Geschenke kann man in den Kal ender hineintun?

Zum Thema

Eine Teilnehmerin berichtete, daß es in ihrem Geburtsort in Ostpreußen Sitte sei, die Taufkerze bis an das Lebensende zu hüten, um als „letztes Licht" leuchten zu können. Voller Stolz verkündete sie, daß sie nach 87 Jahren immer noch im Besitz dieser Kerze sei.

Zum Thema

Eine ältere Dame berichtete, daß sie von ihren Kindern Weihnachtskugeln geschenkt bekommen hätte. Ihre Freude war groß, den vorher etwas kargen Baum mit diesen „wertvollen Kugeln zu schmücken.

3 Wortspeicherübungen

Wortsammlung

Was kann man zu Weihnachten alles verschenken?
Anregungen zum Gespräch:
- Welche Geschenke bekamen die Männer häufig?
- Waren es früher eher nützliche Geschenke?
- Wie verhält es sich damit heute?

ABC-Spiel

Wem schenken Sie etwas zu Weihnachten?
Je ein männlicher und weiblicher Vorname werden für jeden Buchstaben des Alphabets gesucht und diesen dann geeignete Geschenke zugeordnet, die mit dem gleichen Buchstaben beginnen.

Beispiel: Adelheid – Anstecknadel August – Aschenbecher
Brunhilde – Bernsteinkette Bernhard – Bücher

Erschwernis: wem - was - wo / Beisp.: Doris - Dosenöffner - Düren
Anregung zum Gespräch:
- Hatten Sie Verwandte oder Bekannte aus anderen Städten, die mit Ihnen gefeiert haben?
- Haben Sie zu Weihnachten Päckchen verschickt?

4 Übungen für die Sinne

Hörsinn

Verschiedene Weihnachtslieder werden angesummt und dann weitergesungen.

Riechsinn

Kleine Döschen (z.B. Filmdosen), gefüllt mit Weihnachtsgewürzen, werden herumgereicht. Es soll erraten werden, um welches Gewürz es sich jeweils handelt. (Anis, Zimt, Zitronat, ...)

Sehsinn

Kim-Spiel: Die TeilnehmerInnen prägen sich verschiedene Gegenstände ein, die danach abgedeckt werden (z.B.: Kerze, Deckchen, Tannenzweig, Engel, Apfelsine, Kerzenleuchter, Weihnachtskugel, Spekulatius).
Die Anzahl der Gegenstände ist variabel, sie müssen gut beschrieben werden.

Anregung zum Gespräch:
Was hing bei Ihnen früher am Tannenbaum?
Danach Auflösung des Kim-Spiels.

Zum Thema

Die Kursleiterin hatte aus Pappe ein kleines Häuschen gebastelt. Dieses Häuschen wurde von den TeilnehmerInnen mit Domino-Steinen, Smarties, Lebkuchen, Spekulatius und mit vorher angerührtem Zuckerguß geschmückt.

Zum Thema

Die Kursleiterin las etwas zum Brauchtum und Aberglauben um die Weihnachtszeit vor und bat die TeilnehmerInnen, die Bräuche zu erörtern. So sollte z.B. nicht zwischen Weihnachten und Neujahr Wäsche gewaschen werden.

5 Wissen Sie es?

Einer paßt nicht

Von vier vorgegebenen Begriffen stehen drei in einem inneren Zusammenhang. Der vierte Begriff, der nicht dazu paßt, wird gesucht.

Weihnachtsmann – Nikolaus – Knecht Ruprecht – *Schornsteinfeger*
Honigkuchen – Spekulatius – *Käsebrot* – Stutenkerl
Gans – Pute – *Kaltschale* – Karpfen
Mandarine – *Pfirsich* – Apfelsine – Apfel
Goldstern – *Seestern* – Faltstern – Strohstern
Bikini – Muff – Schal – Handschuhe

Anregung zum Gespräch:
Warum paßt der jeweilige Begriff nicht zu den anderen?
Wann ist die längste Nacht des Jahres?
Lösung: zwischen dem 21. und 22. Dezember.
Anregung zum Gespräch:
Kennen Sie Sitten und Gebräuche, die in verschiedenen Gegenden in der Weihnachtszeit zu Hause sind?
Wissen Sie etwas von den 12 Rauhnächten?

6 Bewegungsübungen

Weihnachtsbaum schmücken

Arbeitsmaterial: Schaumgummibälle und Papiertücher
Die TeilnehmerInnen sitzen im Kreis, bei Bettlägerigen ist diese Übung auch im Liegen möglich.

- Die Kugel wird in die rechte Hand genommen und durch Drehen des Handgelenks überprüft, ob sie intakt ist.
- Mit der linken Hand wird sie poliert.
- Danach werden zuerst die unteren Zweige des Baumes mit den Kugeln geschmückt. Der Oberkörper ist dabei leicht nach vorne gebeugt.
- Der Baum wird bis in die Spitze geschmückt. Dabei auf gerade Sitzhaltung und Streckung der Ellenbogengelenke achten.

Schneeballschlacht

Mit gespreizten Fingern nach Schnee greifen, durch Drehen der Handgelenke zu Kugeln formen, mit gestreckten und gebeugten Armen die Kugeln feste kneten und in die Luft werfen.

Zum Thema

Da ältere Menschen vor allem ihre Ellenbogengelenke in Beugestellung halten, wurde bei diesen Phantasieübungen außer viel Spaß auch eine Dehnung der Muskelansätze und der Bänder erreicht.